NOTICE

DES

TABLEAUX

ET MONUMENTS ANTIQUES

QUI COMPOSENT

LA COLLECTION DU MUSÉE DE MARSEILLE,

SE vend chez le Concierge, au prix de cinquante centimes.

1840.

AVIS.

Le Musée est ouvert au public tous les dimanches, depuis onze heures jusqu'à trois. Les personnes qui ont des cannes ou des parapluies sont invitées à les déposer chez le concierge.

La direction de cet établissement est confiée à M. Augustin Aubert, Peintre, Directeur de l'École publique et gratuite de dessin, Membre de l'Académie royale des sciences, belles-lettres et arts de Marseille, et de la Société de statistique de la même ville.

Les Étrangers, en présentant leur passeport, sont admis tous les jours à visiter le Musée ; ils peuvent aussi voir, s'ils le désirent, les ouvrages du directeur, qui sont exposés dans un salon situé dans le local de l'établissement.

Nota. Les Peintres sont classés par École, leurs noms suivent l'ordre alphabétique, et l'on a désigné par un * les tableaux envoyés par le Gouvernement lors de l'établissement du Musée.

On a été obligé, par rapport à la décoration, de distribuer quelquefois les tableaux d'un même maître dans divers endroits de la salle ; mais pour conserver l'ordre du catalogue, ils seront rangés ici à la suite du nom de l'auteur, et ne formeront qu'un article pour chaque Peintre.

Marseille. — Imprimerie d'Achard, marché des Capucins, n° 4.

Première Salle.

Cette salle renferme divers tombeaux découverts la plupart dans les ruines de l'ancienne Marseille ; il y a aussi quelques autres monuments antiques transportés de la Grèce et de l'Egypte. Tous ces objets sont classés et décrits dans la notice suivante.

Les tableaux placés provisoirement dans cette première salle sont compris dans la notice générale des tableaux qui décorent la deuxième salle, et dont l'explication correspond à leurs numéros respectifs.

NOTICE DES MONUMENTS ANTIQUES.

Marseille, dont on trouve un si grand nombre de médailles antiques, ne renferme pas de monuments, qui, par leur grandeur et leur importance, répondent à la renommée de cette ancienne république. Cependant Marseille contenait des édifices publics en grand nombre ; Diane d'Ephèse y avait un temple fameux*; les écoles, les gymnases y

* A en juger par les effigies de Diane, gravées sur les médailles des Marseillais, ceux-ci honoraient Diane sous les attributs de la déesse de la chasse ; la *Diana Ephesia multimammia* ne paraît sur aucun monument : il est vrai que la *Diana venatrix* était aussi adorée des Ephésiens, et gravée sur leurs médailles.

attiraient les étrangers. Des jeux publics y étaient célébrés dans des cirques : et une inscription grecque trouvée, dans le temps, sous les fondations de l'abbaye St-Victor, fait mention d'un jeune homme nommé Aurélius Dioclès, né dans le temple de Vénus, où Hercule était aussi honoré, qui mourut lorsqu'on proclamait les jeux pythiens *.

Il n'y a plus à Marseille aucun reste de temples, de cirques, de gymnases. Arles et Fréjus, qui ont eu moins de célébrité dans l'histoire des peuples et dans celle des sciences et des arts, contiennent un plus grand nombre de restes d'antiquités. On croit pouvoir attribuer cette différence aux agrandissements successifs de la ville de Marseille, où les bâtiments anciens ont servi de matériaux aux édifices modernes. Au contraire, les villes d'Arles et de Fréjus, autrefois très-considérables, ont été réduites à moins du tiers de leur ancienne étendue, et presque tous les monuments antiques y sont restés à découvert.

Quoique dans ces derniers temps on ne vît à Marseille aucun temple, aucune masse imposante, il existait, avant la révolution, des colonnes, des tombeaux, des bas-reliefs, des inscriptions grecques et latines, des idoles et des vases en grand

* Cette inscription est gravée et expliquée dans la Notice sur M. de St-Vincens, à la suite de l'épitaphe de Glaucias dont il sera fait mention ci-après n° 11. Le cippe sur lequel elle était n'est point au Musée. On voyait sur l'une des faces latérales un niveau avec son aplomb, sur l'autre face était l'*ascia sepulchralis*.

nombre : le port recélait des statues et des idoles, et chaque curage en a donné plusieurs.

L'abbaye de St-Victor renfermait des monuments curieux de tous les âges ; on voyait, dans son église souterraine, des colonnes et des bas-reliefs du meilleur goût, plusieurs tombeaux chrétiens des 4me, 5me et 6me siècles, des monuments et des inscriptions des bas temps, curieux par le costume ou par la forme des lettres.

Depuis le temps de la terreur, si funeste aux monuments anciens, on croyait que ceux de Marseille avaient été entièrement perdus. Plusieurs d'entre eux n'existent plus, à la vérité ; cependant un grand nombre en a été retrouvé et placé au Musée.

Ce sont ces monuments que l'on va indiquer dans cette notice, en suivant les numéros qui ont été appliqués sur chacun d'eux.

Si l'on croit devoir relever les inexactitudes échappées aux auteurs qui ont publié autrefois quelques-uns des monuments de Marseille, on ne prétend diminuer en rien le mérite de leurs ouvrages. Les fautes où sont tombés ceux qui ont gravé les dessins de ces monuments, doivent surtout être attribuées à l'obscurité des lieux où ils étaient placés autrefois. Ils le sont aujourd'hui dans le jour le plus favorable : On peut en apercevoir l'ensemble et tous les détails.

On commencera cette notice par les monuments qui n'ont pas encore été publiés, ou qui l'ont été dans des ouvrages peu connus.

N° 1.

Trépied en marbre, haut de deux pieds et demi environ. On voit, sur une de ses faces, Apollon nu portant une lyre; sur chacune des deux autres faces, une femme, dont l'une tient un thyrse, l'autre un bâton qui ressemble à un des côtés d'un arc. L'inscription grecque annonce que ce trépied votif a été consacré par Sosimikos, fils d'Evagoras, à Sérapis, à Isis et à Anubis.

N° 2.

Très-bel autel grec, rond, haut de quatre pieds et demi, et de trois pieds de diamètre. Il est orné de guirlandes composées de fleurs et de fruits. Les guirlandes sont suspendues à quatre têtes de taureau dont le front est orné de larges bandelettes. L'inscription indiquerait que ce monument a servi de base à une statue.

N° 3.

Figure égyptienne, dont les jambes ont été brisées; une large bande, qui occupe toute la partie postérieure, est chargée d'hiéroglyphes.

(Cette statue était à l'arsenal : elle est dans le passage qui conduit à l'escalier de la Bibliothèque.)

N° 4.

Tronçon de colonne antique sculptée en lignes spirales, sur lequel est posée la figure égyptienne que l'on vient d'indiquer.

N° 5.

Ce marbre, dont la partie supérieure manque absolument, représente une femme assise, couverte d'une tunique et d'un voile, ses pieds sont appuyés sur un escabeau, elle tient de la main droite la main d'un homme debout, dont le corps est à moitié couvert par un manteau. On voit, par ce qui reste du centre du bas-relief, qu'il y avait au milieu des deux personnages, une femme portant un petit enfant emmailloté; l'enfant est encore entier et a la tête couverte d'un bonnet pointu. Il n'existe plus du troisième personnage que la main gauche qui soutient l'enfant, et le haut de la draperie de sa robe.

(Ce monument est grec et très-beau, quoique fruste. Il a été incrusté dans le mur du passage qui conduit à l'escalier de la Bibliothèque de la ville.)

N°s 6, 7, 8 et 9.

Masque en pierre (n° 6) trouvé à Aix, sur le chemin de Toulon, en 1803.

Il est appuyé sur un massif de pierre, coté n° 7, sur lequel sont sculptés des boucliers et d'autres armes.

Il a été trouvé en même temps et dans le même local que la tête n° 8 et les ornements n° 9. On ne croit pas ceux-ci antiques.

N° 10.

Ce tombeau paraît être du 3me ou 4me siècle. On voit au milieu une rosace et des lignes sculptées en spirale. Il est de pierre, et a été découvert au lieu où l'on croyait qu'existaient les ruines de l'ancienne ville de Tauroentum.

N° 11.

Tombeau de Glaucias.

On trouva à Marseille, en juin 1799, sous les débris de l'abbaye St-Victor, un tombeau de pierre, haut d'environ cinq pieds et demi. Il avait été fait pour être placé debout, et il était probablement surmonté d'un buste. On y voit une inscription grecque de sept vers, dont le troisième et le sixième sont hexamètres et les autres pentamètres. Au-dessous de l'inscription sont deux cornes d'abondance, sculptées en relief et posées en sautoir. Sur le côté opposé est une barque, gravée par des lignes larges et profondes. Sur le troisième côté, on voit un petit carré en relief, une guirlande, deux bandelettes et un ornement qui ressemble à une armure.

Ce tombeau a été publié et expliqué à la suite de la notice sur feu M. de St-Vincens, imprimé à Aix en 1800.

Voici le texte grec restitué de l'inscription qui est une pièce vraiment sentimentale :

Γλαυκία ἐστὶ τάφος· παῖς δ' ἀνέθηκε νέος,
Δείξαν ἐκ μικροῦ πρὸς πατέρ' εὐσεβίην.
Οὐκ ἔφθης, ὦ τλῆμον, ἰδεῖν γόνον· οἷος ἂν ἦν σοὶ
Γηραιῷ τεύχειν οὐ τάφον, ἀλλὰ βίον.
Ἡ φθονερὰ δ', ὑμᾶς πάντ' ἀδικοῦσα Τύχη
Μητρὶ μὲν ἐν γήρᾳ δάκρυ θήκατο, τῇ δὲ γυναικὶ
Χηρίαν, δυστήνου παιδὸς ἅμ' ὀρφανίη.

TRADUCTION.

C'est ici le tombeau de Glaucias. Son jeune fils lui a consacré ce monument de sa piété filiale, qu'il a manifestée dès sa plus tendre enfance. Infortuné Glaucias ! tu n'as pu jouir de la vue de ton fils ! Il t'eût donné, non pas un tombeau, mais la nourriture et des consolations dans ta vieillesse. La fortune jalouse vous a tous traités d'une manière bien injuste; elle a réservé l'affliction et les larmes à une mère accablée d'années, la viduité à une épouse désolée, la perte d'un père chéri à un malheureux orphelin.

N° 12.

Ce tombeau, qui servait autrefois d'ornement à la fontaine située à la rue de l'Aumône, est un monument élevé par le père et la mère de T. Annonius à leur fils, mort à l'âge de cinq ans, six mois, six jours. Auprès du cartouche qui porte l'inscription sont deux génies couchés. Les petits côtés du tombeau portent des guirlandes travaillées avec goût. Ce monument, de marbre, est gravé dans l'ouvrage de M. Grosson sur les antiquités de Marseille, planche 14.

N° 13.

Beau tombeau de marbre d'environ huit pieds de longueur sur trois et demi de haut. On voit d'un côté une urne soutenue par deux gryphons ; de l'autre des centaures combattant contre des lions qu'ils attaquent avec des masses de rocher. Ce monument est des meilleurs temps. Il a été trouvé à Arles où il avait été sans doute transporté pour servir à la sépulture d'un grand officier de l'empire, sous l'un des successeurs de Constantin. L'inscription, qui commence au petit côté du tombeau qui est à droite, est placée sous le premier rebord au-dessus de la sculpture, elle porte le nom de Flavius Memorius, ses titres, et les dignités qu'il a remplies.

Le P. Dumont, qui avait annoncé le projet d'un ouvrage sur les antiquités d'Arles, a fait graver ce tombeau; mais la gravure n'en rend pas toutes les beautés.

N° 14.

Tombeau chrétien, de marbre, dont le dessus, n° 15, est dans le même lieu que le tombeau de Memorius. On l'a séparé du monument dont il devait faire partie, et placé, fort mal à propos, au-dessus de ce tombeau de Memorius.

C'est par la gravure que M. Ruffi en a donnée, dans son Histoire de Marseille, 2me partie, pag. 126, qu'on a pu juger que la couverture, portant deux têtes d'homme et une inscription, faisait partie du tombeau sur lequel est Jésus-Christ assis, ayant un agneau à ses pieds, et à ses côtés les douze apôtres.

Ruffi dit que dans ce tombeau avaient été mises les reliques de St-Maurice, mais l'inscription qui est sur le couvercle prouve que ce monument avait été destiné, plus anciennement, à renfermer les cendres d'Eugénie, dame chrétienne, adonnée aux œuvres de charité, qui mourut sans enfants, et à qui son aïeule fit faire ce tombeau.

N° 15.

Nous allons rapporter cette inscription : elle est inédite, n'ayant pas été aperçue dans le souterrain de St-Victor. (Les têtes sont plus saillantes dans la gravure de Ruffi que sur l'original.)

Elle est en vers hexamètres et pentamètres ; les vers pentamètres sont à la suite et sur la même ligne que les hexamètres. Chaque vers est terminé par un cœur. Les lettres sont grandes et bien gravées, mais la forme des *d* qui finissent en pointe, celle des *b* qui est à peu près la même, et celle des *g* dont la queue est fort repliée, indiquent le septième ou le huitième siècle.

Nobilis Eugenia præclari sanguinis ortu
Quæ meretis vivit hic tomolata jacit
Exuit occumbens oneroso corpore vitam.
Quo melius superas possit adire domos
Quæ prudens anemis permansit pondere morum
Provida laudandum semper elegit opus
Pasceie jejunos gaudens festina cucurrit
Exauriens epulas o Paradise tuas.
Captivos opibus vinciis laxavit iniquis
Et pulsos terris reddedit illa suis.
Mens intenta bonis toto cui tempore vitæ
Actibus egregiis unica sancta fuit.
Quam subolis labsam bessenis inclita lustris
Condedit hic lacremis avia mœsta piis.

TRADUCTION.

La noble Eugénie, issue d'un sang illustre, qui vit par ses bienfaits, repose dans ce tombeau. En mourant elle dépouilla son âme d'une enveloppe incommode, afin qu'elle pût arriver plus facilement aux demeures célestes.

Prudente dans ses désirs, elle respecta constamment l'autorité des mœurs. Prévoyante, elle choisit toujours une occupation louable. Joyeuse, empressée, elle courut au secours de ceux qui avaient faim, se repaissant, ô Paradis ! de tes festins. Elle employa ses richesses à retirer les captifs d'un inique esclavage, et à rendre à leur patrie ceux qui en avaient été éloignés. Son esprit fut sans cesse tendu vers le bien, durant tout le temps de sa vie ; par ses bonnes œuvres, elle fut une sainte parfaite. Comme elle est morte sans lignée, son aïeule affligée, recommandable par douze lustres, l'a renfermée ici, en versant des larmes de tendresse.

N° 16.

Tombeau chrétien, de marbre, gravé par Ruffi, page 126, à la suite de celui que l'on vient de décrire.

La couverture de ce tombeau, sur laquelle étaient sculptées une moisson et des vendanges faites par de petits génies, n'a pas été retrouvée. Les sculptures du tombeau représentent plusieurs actions. Au milieu est Jésus-Christ et deux saints, aux pieds desquels sont un homme et une femme ; ceux peut-être pour qui le tombeau a été fait.

A droite, saint Etienne prêchant aux Juifs ; sa lapidation. A gauche, les disciples d'Emmaüs, et peut-être le changement de l'eau en vin aux nôces de Cana.

N° 17.

Tombeau chrétien, de marbre, où l'on voit Jésus-Christ sur la montagne, avec lui saint Pierre et un autre apôtre, dans le compartiment du milieu ; les dix autres apôtres, à droite et à gauche, dans d'autres compartiments.

N° 18.

C'est ici la frise du tombeau n° 17, qui n'en aurait pas dû être séparée. La sculpture est mieux faite que celle du tombeau. Deux petits génies soutiennent un cartouche portant un médaillon avec le monogramme du Christ, ΑΩ. Des deux côtés du médaillon sont deux têtes de dauphin, qui ont chacune une boule dans les dents ; à droite sont deux cerfs, qui se désaltèrent à une eau qui coule d'une élévation, sur laquelle est posé un loup ; à la gauche, deux hommes, dont la tête manque, vêtus d'une longue tunique, ont au milieu d'eux trois grands pots ou jarres posés deux et un. Le bas-relief est terminé par deux hommes qui portent sur leurs épaules un long bâton soutenant un raisin.

M. Ruffi, qui a fait graver le tombeau et la frise, a manqué quelques-uns de ces détails.

N° 19.

Tombeau de Cassien, fondateur du monastère de St-Victor, en 410.

Ce monument, en marbre, était dans l'église supérieure de St-Victor, et paraît avoir été fait pour Cassien lui-même. Au milieu du bas-relief on voit Jésus-Christ, ayant à sa droite et à sa gauche saint Pierre et saint Paul, premiers titulaires du monastère des Cassianites. Un père et une mère viennent offrir au monastère un de leurs enfants, pour l'y faire recevoir et élever. Le personnage qui termine le bas-relief peut représenter Cassien. Telle était l'explication que donnait, en 1716, à M. de Mazaugues, M. Fournier, moine de St-Victor, qui fut un des Marseillais les plus distingués par son savoir et ses correspondances littéraires. Ruffi a fait graver ce tombeau, page 126. La gravure le représente monté sur des colonnes, tel qu'il était dans l'église.

N° 20.

Bas-relief qui couvrait le tombeau de l'abbé Isarn. Isarn, abbé de St-Victor, mourut en 1048. Il fut enseveli dans un tombeau élevé contre un des murs de l'église souterraine. Sa figure, sculptée en relief, que l'on voit ici, était placée debout sur un tombeau. Sa chevelure, au haut de laquelle on voit une tonsure bien marquée ; ses habits sacerdotaux, dont le haut est brodé et indique la chasuble, sont dignes de remarque. Sa crosse est en forme de béquille, et annonce que plusieurs usages de l'église grecque se sont conservés à St-Victor, jusque dans le onzième siècle.

Sur le haut de la crosse on lit le mot VIRGA. Son épitaphe couvre tout son corps. Une partie est même gravée sur les rebords de deux espèces de couches, dans lesquelles sont enchassés sa tête et ses pieds. Le rebord du creux qui contient sa tête porte les mots qui suivent :

Cerne meorque lex homini noxa protoplasti ÷ in me defuncto lector in est misero.

Plusieurs ont lu MORS au second mot de la première ligne, mais il y a un E accolé à un M, un O au milieu de l'E, et un R : on pourrait lire MEMOR.

Au reste, un grand nombre de mots de toute l'épitaphe sont composés de lettres doubles et triples accolées l'une à l'autre, ou l'une dans l'autre ; les C sont formés par une manière d'E, sans barre au milieu ; les S sont représentés comme des Z renversés, et il y a beaucoup d'abréviations.

Autour du creux qui contient les pieds sont les mots suivants :

Sic que gemens corde † dic dic Deus huit misere.

Il paraît surtout, par l'inscription qui suit, que l'on a voulu composer l'épitaphe en vers hexamètres et pentamètres. Dans cette inscription, gravée sur la plaque qui couvre le corps, les vers sont séparés par une grosse virgule surmontée de deux petits points.

Obiit anno MLVIII, indicti I. æpacta III.

La barre qui est au-dessus des deux premiers chiffres indique un X supprimé, ce qui fait MXLVIII.

Sacra viri clari sunt hic sita patris Isarni
Membra suis studiis glorificata piis
Quæ felix vegetans anima provexit ad alta
Moribus egregiis pacifisque animis.
Nam redimitus erat hic virtutis speciebus
Vir Domini cunctis pro quibus est hilaris.
Quæ fecit docuit abbas pius atque beatus
Discipulosque suos compulit esse pios.
Sic vivens tenuit regimen sed claudere limen
Compulsus vite est acriter misere.

Rexit bis denis septemque fideliter annis
Commissumque sibi dulcē gregem Domini
Respuit octobris transacto octavo calendas
Et cepit rutili regna subire poli.

TRADUCTION.

Ici reposent les vénérables membres du père Isarn, homme célèbre, qui les glorifia par sa fervente piété, et qui, les fortifiant avec succès de toute la vigueur de son âme, les éleva jusqu'aux Cieux par ses mœurs exemplaires et la douceur de son esprit : car cet homme du Seigneur était doué de tous les genres de vertus, et c'est par elles qu'il jouit aujourd'hui de la félicité. Ce pieux et bienheureux abbé joignit l'enseignement à la pratique, et il sut persuader à ses disciples de devenir pieux. Telle fut la conduite qu'il tint durant sa vie; mais il a été contraint de terminer courageusement sa carrière, au milieu des misères humaines. Après avoir gouverné fidèlement, pendant vingt-sept années, il a, le 8 des calendes d'octobre 1048, abandonné avec douceur le troupeau du Seigneur qui lui avait été confié, et s'est élancé vers les royaumes célestes.

N° 21.

Grand carré de marbre transparent et travaillé à jour, qui était dans l'église souterraine de Saint-Victor : il est du cinquième siècle. On voit le monogramme du Christ dans un médaillon, au dessous duquel est un grand vase d'où sortent des branches de vigne portant des feuilles et des raisins ; sur une des branches, de chaque côté du médaillon, est posée une colombe. Le monument est terminé, à droite et à gauche, par des bandes formant des losanges, et travaillées aussi à jour.

(Ce morceau sert actuellement de devant d'autel à la chapelle de la préfecture.)

Nos 22 et 23.

Autre morceau de sculpture en marbre (n° 22), mais qui n'est ni transparent, ni travaillé à jour. On y voit des croix, des raisins, des entrelas. Il était aussi dans l'église souterraine de St-Victor, ainsi que d'autres morceaux (n° 23) sculptés à peu près sur le même dessin.

N° 24.

Tombeau chrétien, de marbre, qui existait aussi à St-Victor, et dans lequel on prétend que furent placées les reliques de saint Chrisante et de saint Darie : il n'existe plus ici que très-mutilé et en plusieurs parties séparées. Il est gravé dans l'Histoire de Marseille, page 130.

Nos 25 et 26.

Tombeau d'Eusébie, religieuse cassianite. Au milieu des bas-reliefs de ce tombeau, de marbre, on voit un médaillon portant le buste d'un sénateur; au-dessous est un personnage qui paraît enchaîné auprès d'un dragon : au côté gauche est un homme debout, ayant quelque chose dans la main, qu'il a l'air de recevoir du Ciel. A droite un homme tient une baguette levée sur deux personnages à genoux, qui ont la tête couverte d'un bonnet.

M. Grosson a cru voir ici les cérémonies d'un affranchissement.

M. Millin a jugé ce tombeau chrétien, et que

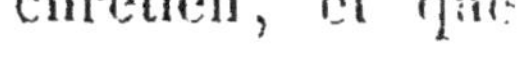

l'homme qui porte une baguette est Moïse frappant le rocher : en effet, l'eau qui découle est très-bien marquée ; les habits du sénateur sont du cinquième ou sixième siècle.

Sainte Eusébie, abbesse des religieuses cassianites, fut mise dans ce tombeau, qui certainement n'avait pas été fait pour elle, et qui lui est antérieur de plus de 200 ans. Son épitaphe était appliquée sur l'un des murs de l'église souterraine de Saint-Victor, et au-dessus du tombeau.

L'inscription est conservée au Musée (n° 26).

> Hic resquiescet in pace Eusebia religiosa
> Magna ancella Domini
> Qui in sæculo ab heneunte etate sua vixit
> Secolares annus XIIII. et ubi a Domino
> Ellecta est in monasterio S. C. S. Cyrici
> Servivet annus quinquaginta recesset sub
> Die pridie kall. octobris indione sexta.

On ne peut rien voir de plus barbare que cette orthographe, aussi dit-on que sainte Eusébie mourut dans le huitième ou neuvième siècle. On ajoute qu'elle fut martyrisée par les Sarrasins : d'autres prétendent qu'elle et ses religieuses se coupèrent le nez pour échapper aux violences des Sarrasins. L'inscription n'indique aucun de ces faits.

On voit, dans l'ouvrage de M. Grosson, une gravure du tombeau qui vient d'être décrit ; c'est la seconde gravure de la planche 21 *.

* La même planche contient un des monuments les plus intéressants de la ville de Marseille ; c'est un tombeau antique qui sert aux fonds baptismaux de l'église cathédrale de

N° 27.

Ce tombeau, de marbre, fait pour un jeune enfant, est sculpté avec goût. Les reliques de St-Victor y avaient été déposées pendant quelque temps, et il était, ainsi que celui du numéro suivant, dans la partie la plus obscure de l'église souterraine ; aussi M. Grosson, planche 22, et Ruffi, pages 129 et 132 de l'Histoire de Marseille, ne l'ont-ils pas rendu aussi bien qu'il pourrait l'être.

Un sphinx (non pas un aigle) et deux génies soutiennent un médaillon dans lequel est la louve allaitant Romulus et Rémus. D'autres génies fabriquent des armes : à la droite on voit un bouclier, une cuirasse, un cuissard ; à la gauche est un grand casque, où la pointe qui forme la visière est bien

la Major. On croit devoir le décrire quoiqu'il ne soit pas au Musée. Le bas-relief représente une conférence de trois philosophes. Celui des trois qui est assis (et c'est le personnage principal) a la tête presque rase. Il a à ses pieds des volumes liés en faisceau, et tient un volume dans sa main. L'un des deux personnages debout porte un étui nommé *scrinium*, qui servait à renfermer des tablettes.

Aux extrémités du bas-relief, on voit à droite un personnage revêtu d'un pallium et tenant un volume ; à ses pieds est un faisceau de volumes. A gauche est un homme n'ayant pour vêtement qu'un manteau qui couvre son épaule gauche et entoure son corps. La gravure de M. Grosson ne rend pas ces détails avec une grande exactitude. Les espèces de draperies qui, dans la gravure, sont placées derrière les deux personnages qui terminent le bas-relief, ne se trouvent pas sur l'original.

marquée. Le dessin de M. Clener rendra à merveille tous ces détails.

N° 28.

Ce tombeau est très-intéressant par la bonté du travail.

Un médaillon, soutenu par deux Victoires, porté par un tronc de palmier, auprès duquel sont deux captifs, contient l'inscription suivante :

Dis manibus Juliae Quintinae Cossutiæ Hycla
Mater filiae piissimae.

Des centaures, dont l'un porte une corne d'abondance, un autre un bouclier, un troisième une branche fleurie, un quatrième un grand verre ou canthare, sont attelés à des chars qui ont la forme des chars antiques et non pas celle d'un bâteau : dans l'un des chars est une femme, dans l'autre un homme et une femme, qui peuvent être Bacchus et Ariane ; sur la croupe de deux de ces centaures sont deux petits amours.

Dans ce tombeau, qui est payen, avait été enseveli, au commencement du neuvième siècle, saint Mauront, abbé de St-Victor et évêque de Marseille.

N° 29.

Plusieurs chapitaux appartenant à des colonnes antiques.

N° 30.

Fragments de tombeaux chrétiens tirés de divers lieux, parmi lesquels on doit distinguer celui qui est marqué n° 30, à cause des draperies des deux personnages dont la tête manque, et du rouleau qu'un des deux personnages tient dans la main.

N° 31.

Fragment de cippe qui se termine en ovale, destiné à servir de limite à un champ. Il porte l'inscription suivante :

IN F. P. XXII.
In fronte pedes 22.

N° 32.

Autre fragment en pierre.

N° 33.

Tombeau chrétien, de marbre, représentant Jésus-Christ et cinq apôtres, tous séparés par des piliers. Sur la frise du tombeau, on voit des agneaux, dont six vont de droite à gauche, et six dans le sens inverse.

N° 34.

Première pierre du couvent des capucins de Marseille, posée par la reine Catherine de Médicis et par Henri d'Angoulême, grand prieur de France, fils naturel d'Henri II.

N° 35.

Tombeau de marbre, qui avait été placé à la montagne Bonaparte.

Ce monument antique fut extrait en l'an 11 (1803) du cimetière d'*Aliscamp* (les Champs Elisées) de la ville d'Arles, pour être transporté à Marseille, et y être consacré à la mémoire du général Desaix. A cette époque, feu M. le président de St-Vincens, consulté par M. le baron de St-Joseph, alors maire de Marseille, empêcha, par sa réponse, la mutilation de ce tombeau précieux, dont on voulait gratter l'inscription primitive. Sa véritable place était au Musée, où il a été transporté en 1818, et où les amis des arts se félicitent de le retrouver aujourd'hui. Il est à côté de l'escalier qui conduit à la Bibliothèque publique.

Voici l'inscription qu'on y lit encore :

D. CAECILIAE . DF . APRULLAE . FLAM .
DESIGNATAE . COL . DEA . AUG . VOC .
Θ . ANNOS . XIIII . MENS . II . DIES . V .
MARITVS . VXORI . PIISSIMAE . POSVIT . M.

On voit, par cette inscription, que ce tombeau fut celui de Cécilia Aprulla, fille de Décius, nommée prêtresse dans la colonie de Die, pays des Voconces. Sa vie fut courte : elle mourut âgée de quatorze ans, deux mois et cinq jours. Son mari avait consacré ce monument à ses mânes.

Dea Augusta était le nom ancien de *Die*. Le mot seul Dea était employé pour désigner Cybèle à qui cette ville était consacrée. Elle était placée dans le pays des Voconces. C'était une colonie autrefois considérable ; bien déchue de son ancienne célébrité. Cécilia Aprulla, fille de Décius, née et demeurant dans la ville d'Arles, y mourut sans doute après avoir été désignée comme prêtresse à Die.

On trouve, dans plusieurs lieux du Dauphiné et de la Provence, des inscriptions qui rapportent les noms de quelques sextumvirs ou de quelques prêtres d'Auguste de la colonie de Die. M. Artaud, dans un voyage littéraire qu'il a publié dans les Annales encyclopédiques de janvier 1818, décrit plusieurs monuments inconnus de Die. On ambitionnait les titres de *flamen* et de *flaminia* même pour les villes où l'on n'avait pas sa résidence. Grutter est plein d'inscriptions de *flamen* et de *flaminia* étrangers aux lieux où ont été trouvés leurs tombeaux et leurs épitaphes.

Note rédigée par M. JAUFFRET, *Bibliothécaire.*

N° 36.

Monolithe en granit, qui faisait anciennement partie d'un temple égyptien, et qui servait de niche ou de tabernacle pour un animal sacré.

Quoiqu'il ne soit pas orné d'hiéroglyphes, néanmoins la beauté et le poli de la matière lui donnent du prix. Il fut envoyé, en septembre 1825, par M. Drovetti, consul général de France en Egypte, à M. Jauffret, bibiothécaire de la ville, conservateur du cabinet des médailles et antiques, et secrétaire perpétuel de l'Académie, pour la classe de littérature et d'histoire et pour celle des beaux-arts. D'après les intentions de M. Drovetti, ce morceau d'antiquité égyptienne a été placé au Musée.

N° 37.

Buste romain qu'une ancienne tradition nous apprend être le portrait de Titus Annius Milon.

(Cette sculpture, fort médiocre, était placée sur la façade d'une maison située à la rue des Grands-Carmes, qui, menaçant de tomber en ruine, a été démolie en 1828. M. le Maire a fait l'acquisition, pour le Musée, de cet ancien monument.)

N° 38.

Fragment d'un monument antique.

(Donné au Musée par M. Famin.)

N° 39.

Bas-relief en plâtre, moulé sur l'antique.

(Ce bas-relief célèbre représente un repas, et il est connu dans les arts sous le titre de *Trimalcyon.*)

N° 40.

Autre bas-relief en plâtre, moulé sur l'antique qui est à Aix, représentant une scène allégorique relative à la fable de Léda.

N° 41.

Autel votif portant l'inscription suivante :

D. M.
T. FL. EPICRON
TI. L. FL. IVLIA
NVS. PATRI.
PIENTISSIMO.

Aux mânes de T. Fl. Epicrontus, L. Fl. Julianus, à son père très-tendre.

Traduit par M. Feautrier, *adjoint au sous-bibliothécaire de la ville.*

N° 42.

Fragment en marbre, portant une inscription mutilée qui peut être ainsi rétablie :

DIS. *MANIBUS.*
T. FLAVIO. ....
PATRI. FLAVIA. *FILIA.*
EIVS. T. FLAVIVS. *CONIVX.*
GEMACHI. FILI*VS. BENE.*
ME*RI*TO.

Aux Dieux Mânes. Flavia et son époux T. Flavius fils de Gemachus, à T. Flavius....., leur père, qui a bien mérité d'eux.

Restitué et traduit par M. Feautrier, *adj. au sous-bibl. de la ville.*

N° 43.

Pierre milliaire portant une inscription latine très-fruste.

(Ces trois derniers objets ont été découverts en creusant le bassin du carénage, et ils ont été déposés au Musée en août 1837.)

N° 44.

Pierre monumentale trouvée, en 1829, à la rue des Olives, dans les démolitions exécutées par l'ordre de l'administration municipale pour l'établissement de la nouvelle place de l'Hôtel-de-ville. On y lit une inscription, en l'honneur de Casaulx, composée de huit vers alexandrins disposés de la manière suivante, et occupant tout un côté de la pierre. La date de l'inscription est de 1594, le jour des Cendres. (*Cineralium die* 1594.) C'est probablement l'époque de l'érection de la maison de Casaulx, qui fut rasée en 1596.

+
CELVY . MA . FAIT . BASTIR .
QVI . A . FAIT . DE . CAS . AVLS .
POVR . LE . BIEN . DE . LEGLI
SE . ET . DE . FRANCE . ET . MAR
SEILLE . GENEREVS . HERO
IQUE . ET . PRVDENT . A . MERV
EILLE . RENPLI . DE . TOVT . BO
N . HEUR . CEST . CHARLES .
DE . CASAUL . PREMIER . C
ONSVL . TROIS . ANS . DE .
SVITE . ET . GOVVERNEV
R . GRAND . CAPITAINE .
IL . EST . POVR . LESTAT . ET .
CORONNE . DVNE . GALERE . ET .
PLVS . DE . CENT . LANCE . ORD
ONNE . GVIDE . PAR . LA . VER
TV . AV . TROPHEE . DHONN
EUR . CINERALIUM . DIE .
1594 .

M. CHARDIGNY, *de Rouen, mort à Paris, en* 1813.

N° 45. La Pêche.
N° 46. La Cueillette des olives.

(Ces deux beaux bas-reliefs, en marbre, furent commandés, en l'année 1800, par M. Charles-Delacroix, préfet des Bouches-du-Rhône, pour décorer une fontaine qui fut élevée à la place des Fainéants. Elle est maintenant remplacée par une autre, surmontée d'un obélisque en marbre blanc. Les sculptures qui décorent cette dernière sont dues au ciseau de Dom Fossaty, et c'est la même fontaine qui se voyait anciennement à la place Royale.)

Deuxième Salle.

NOTICE DES TABLEAUX.

ÉCOLE FRANÇAISE.

ADENETH.

1. * L'Enfant Jésus donnant l'anneau nuptial à sainte Rose.

AUBERT (AUGUSTIN), *Directeur du Musée et de l'Ecole gratuite de dessin de Marseille, Membre de l'Académie royale des sciences, belles-lettres et arts, et de la Société de statistique de la même ville.*

2. Le premier sacrifice de Noé, à sa sortie de l'arche.

Pendant le sacrifice, l'Eternel se manifeste à l'heureuse famille de Noé, promet à son chef une postérité innombrable, et fait paraître l'arc-en-ciel en signe de l'alliance éternelle qu'il fait avec lui.

(Ce tableau, exposé au salon de 1817, à Paris, a mérité

à l'auteur une médaille d'encouragement accordée par le Roi ; et, sur la proposition de M. le marquis de Montgrand, alors maire de Marseille, la ville en a fait l'acquisition pour le Musée.)

BACHELIER.

3. Etude de vieillard.

COYPEL (NOEL-NICOLAS), *né à Paris en 1692, mort dans la même ville en 1735.*

4. * Joseph reconnu par ses frères.

DANDRÉ-BARDON, *né à Aix en 1700, Membre et Professeur de l'ancienne Académie royale de peinture de Paris, et de celle de Marseille.*

5. Le Christ sur la croix.

DARET.

6. Portrait d'un gentilhomme.

DETROY.

7. Une liseuse.

DROUAIS.

8. Portrait d'un ancien magistrat de cette ville avec ses deux enfants.

DUFAU (Feu), *à Paris.*

9. Gustave Vasa haranguant les paysans de la Dalécarlie.

Un jour de Noël, les paysans s'assemblèrent dans le cimetière du village de Mora, en Dalécarlie; Gustave parut au milieu d'eux; son courage, ses malheurs, son éloquence décidèrent tous ces hommes sauvages : il se mit à leur tête, son parti grossit, et bientôt il entra à Stockolm en libérateur.

(Ce tableau a été accordé au Musée, par le gouvernement.)

DUPLESSYS, *de Carpentras.*

10. Portrait de Blain de Fontenay, célèbre peintre de fleurs et de fruits, né à Caen en 1654, mort à Paris en 1715.

(Ce tableau a été donné au Musée, en 1835, par M. Jean-François-Théodore David-Dusanson, de Marseille, arrière petit-fils de cet artiste distingué.)

DUVIVIER, *à Paris.*

11. Cymodocée, sujet tiré des Martyrs.

S'étant revêtue des habits des chrétiens condamnés, Cymodocée s'échappe d'auprès de son père endormi, pour voler à l'amphithéâtre de Rome, y partager le martyre d'Eudore son époux.

(Ce tableau avait été commandé à l'auteur par le Ministre de l'intérieur.)

FAUCHIER, *d'Aix.*

Cet artiste très-recommandable s'est particulièrement attaché au portrait : il vivait à la fin du 17me siècle.

12. Portrait d'un abbé.

*

13. Portrait de femme.

FONTAINIEU (Le chelalier de) *Membre de l'Académie royale des sciences, belles-lettres et arts de Marseille.*

14. Vue de la villa de la Cava, dans le royaume de Naples : effet du matin.

(Ce tableau, exposé au salon de 1817, à Paris, a mérité à l'auteur une médaille d'encouragement accordée par le Roi ; et, sur la proposition de M. le marquis de Montgrand, alors maire de Marseille, la ville en a fait l'acquisition pour le Musée.)

HENRY, *d'Arles, élève de Vernet.*

15. Une tempête.

INGRES, *à Paris.*

16. Mercure.

Copie d'après la fresque de Raphaël, qui se voit à Rome.

LOIR (Nicolas), *né à Paris en 1624, mort dans la même ville en 1679.*

17. Sainte Marie égyptienne aux pieds de la statue de la Sainte Vierge.

MALLET, *à Paris.*

18. La nature et l'honneur.

Un militaire, satisfait des belles espérances de son fils,

lui fait présent d'une épée ; ce dernier, sensible à cette marque de bonté paternelle, s'écrie avec enthousiasme : *Ma vie au roi ; mon cœur à vous, mon père.*

(Ce tableau a été commandé par le Ministre de l'intérieur.)

MIGNARD (PIERRE), *né à Troyes en Champagne en 1610, mort à Paris en 1695.*

19. * L'adoration des bergers.
20. * Portrait de Ninon de l'Enclos.
21. * Portrait de femme qu'on croit être celui de Mme de la Vallière.
22. Autre portrait de femme.

MONGIN, *à Paris.*

23. Bénédiction des troupeaux partant pour les Alpes.

(Ce tableau, exposé au salon de 1814, a été acquis par le Ministre de l'intérieur, qui l'a accordé au Musée.)

MONOYER (JEAN-BAPTISTE), *né à Lille en 1699.*

24. Un vase de fleurs.
25. Des fleurs, faisant pendant au précédent tableau.

MONSIAU, *à Paris.*

26. Scène du quatrième acte d'Iphigénie en Aulide, de Racine.

Clytemnestre, serrant sa fille dans ses bras, adresse à Agamemnon ces terribles paroles :

« Aussi barbare époux qu'impitoyable père,
« Venez, si vous l'osez, la ravir à sa mère... »

(Ce tableau a été commandé par le Ministre de l'intérieur.)

NATTIER (JEAN-MARC), *né à Paris en 1685, mort en 1776.*

27. Portrait de Mme de Pompadour, sous la figure de l'Aurore.

PARROCEL (PIERRE), *né à Avignon en 1694, mort en 1739.*

28. Le couronnement de la Vierge par l'Enfant Jésus.

Ce peintre qui avait été l'élève de Carle Maratte, s'est montré son rival dans ce tableau, qui est regardé comme sont chef-d'œuvre.

PARROCEL (ETIENNE), *frère du précédent.*

29. Saint François-Régis implorant l'assistance de Dieu pour obtenir la cessation de la peste en 1641.

PATEL.

30. * Paysage au soleil couchant.
31. * Clair de lune.

PERELLE.

32. Des ruines.

PEYRON (PIERRE), *né à Aix, mort à Paris, Membre de l'ancienne Académie royale de peinture de Paris.*

33. Marcus Curius recevant les députés de Pyrrhus.

Les députés du roi d'Epire cherchant à corrompre l'austère Curius par des présents, celui-ci leur dit : *Vous voyez que celui qui vit de cette sorte n'a besoin de rien. Les Romains ne se soucient point d'avoir de l'or ; ils veulent commander à ceux qui en ont.*

(Ce tableau a été acquis par les soins de M. le marquis de Montgrand, alors maire de Marseille.)

PHILIPPOTEAUX, *à Paris.*

34. Mort de Turenne.

Il fut frappé par un boulet, le 27 juin 1675, au moment où il terminait ses dispositions pour livrer bataille aux impériaux.

Le même coup de canon emporta le bras du marquis de St-Hilaire, lieutenant-général de l'artillerie, pendant qu'il montrait à Turenne une batterie qu'il venait de placer. Le fils du marquis s'était jeté en pleurant sur son père, lorsque le blessé lui adressa ces paroles si connues : *Ce n'est pas moi, mon fils, c'est ce grand homme qu'il faut pleurer.*

PIERRE (JEAN-BAPTISTE-MARIE), *né à Paris en 1715, mort dans la même ville en 1789.*

35. Le martyre de saint Etienne.

POUSSIN (NICOLAS).

36. Le triomphe de Flore.

Belle copie dont l'original est au Musée royal, à Paris.

PUGET (PIERRE), *né à Marseille en 1622, mort dans la même ville en 1694.*

Ce célèbre artiste fut, comme Michel-Ange, sculpteur, peintre et architecte.

Ses sculptures sont généralement connues ; on y admire surtout l'art avec lequel il a su rendre la souplesse et le moelleux des chairs. L'hôtel-de-ville de Marseille a été bâti sur ses dessins Il existe, chez un amateur de cette ville, deux autres dessins projetés pour le même édifice, infiniment supérieurs aux premiers, pour le style, la richesse et la grandeur des masses; mais ils furent refusés par cela même qu'ils étaient trop beaux, l'exécution en devenant trop dispendieuse.

37. Le Sauveur du monde.

Assis sur un trône de nuées, le Sauveur indique d'une main le chemin du Ciel, tandis qu'avançant l'autre, il montre une de ses plaies. L'artiste rappelle par là, d'une façon très-ingénieuse, que c'est par son sang que Jésus-Christ nous a ouvert les portes du Ciel. Cette intention du peintre a été méconnue jusqu'à présent : il existe, au contraire, chez le vulgaire, une opinion désavantageuse sur ce tableau, et qui méritait d'être réfutée ici. On a cru et accrédité que la main gauche, qui indique le Ciel, donnait la bénédiction, et que c'était un défaut de la faire donner de la main gauche ; il est bien aisé de juger que ce n'est point ainsi que serait placée la main pour donner la bénédiction.

Ce tableau, regardé comme le plus beau sorti du pinceau

de ce maître, réunit beaucoup d'harmonie à une grande vigueur de ton.

38. Le baptême de Clovis.
39. Le baptême de Constantin.

PUGET, *fils du précédent.*

40. La Visitation de la Sainte Vierge à sainte Elisabeth.

RAOUX (JEAN), *né à Montpellier en* 1677, *mort à Paris en* 1734.

41. Une jeune fille, écrivant à son amant, est surprise par sa grand'mère.

RESTOUT (JEAN), *né à Rouen en* 1692, *mort à Paris en* 1768.

42. * Jésus-Christ donnant les clés à saint Pierre.

RUEL.

43. Des animaux.
44. Des poissons.

SERRE (MICHEL), *né en Catalogne en* 1658, *mort à Marseille en* 1733.

Cet habile artiste, quoique catalan de nation, est justement regardé comme peintre français, puisqu'il vint en France à l'âge de huit ans. Dès qu'il fut en état d'agir en faveur de son penchant, il se voua à la peinture et fut à Rome.

C'est à son retour qu'il se fixa à Marseille, où il a exercé ses talents avec la plus haute distinction. Il est juste de faire connaître ici un artiste que la renommée a oublié, et qui mérite une place parmi les grands maîtres.

La modicité des prix dont on payait ses ouvrages l'obligea souvent, il est vrai, de presser son travail, ce qui est cause qu'on voit de lui, en Provence, une prodigieuse quantité de tableaux peu estimés des amateurs; mais ceux qu'il a soignés peuvent être comparés à ceux des meilleurs coloristes.

45. La fuite en Egypte.

46. Sainte Marthe terrassant le dragon en lui montrant la croix.

47. Saint Hyacinthe, de l'ordre de saint Dominique.

L'ordre avait un magnifique couvent à Kiovie, cette ville ayant été saccagée par les Tartares, saint Hyacinthe en sort, le Saint-Sacrement d'une main et la Sainte Vierge de l'autre, pour se rendre, avec ses frères, à Cracovie, l'an 1241; pendant sa route, il opère plusieurs miracles.

48. Le Père Eternel.

49. La fuite en Egypte.

50. Repos en Egypte.

51. La Présentation au temple.

52. Jésus au milieu des docteurs.

53. L'agonie de saint Joseph.

54. Le martyre de saint Pierre Dominicain.

55. L'éducation de la Sainte Vierge.

La vie de saint François d'Assise en 14 tableaux.

56. Naissance de saint François d'Assise.
57. Saint François renonce à son père, pour ne reconnaître que Dieu, en présence de l'évêque d'Assise, qui l'embrasse et le couvre de son manteau.
58. Le cardinal doyen remet à saint François, de la part du pape Honorius III, la bulle de la confirmation de son nouvel ordre, en 1223.
59. Saint François secourt un gentilhomme pauvre et mal vêtu, dans la plaine d'Assise : le même saint en prière devant un crucifix qui lui parle.
60. La Sainte Vierge apparaît à saint François dans le lieu le plus solitaire de sa retraite.
61. Apparition miraculeuse de Jésus-Christ et de la Sainte Vierge à saint François dans le lieu appelé *Colle del Paradiso*.
62. Saint François reçoit des mains du Sauveur la règle de son ordre.
63. Rencontre de saint François et de saint Dominique près du camp de Damiette, où était la sixième armée des Croisés.
64. Saint François reçoit, par un séraphin à six ailes, les stigmates.
65. Saint François propose au soudan des Sarrasins de se convertir à la religion chrétienne, et offre, pour preuve de la vérité de son culte et de la fausseté de celui de Mahomet,

d'entrer, avec les prêtres musulmans, dans le feu; ce qui n'est pas accepté.

66. Saint François étant dans la solitude du mont Alverne, les animaux féroces vont lui lécher les pieds, et un ange lui apparaît et lui parle.

67. Mort de saint François, en présence de ses frères, arrivée le 4 octobre 1226, à la quarante-cinquième année de son âge, la dix-huitième de l'institution de son ordre.

68. Apparition de saint François à ses religieux sur le char d'Elie.

69. L'ombre de saint François.

SUEUR (EUSTACHE LE), *né à Paris en 1617, mort dans la même ville en 1655.*

70. * Jésus-Christ chez Marthe et Marie.

71. * La présentation au temple.

(Ce tableau était autrefois au séminaire de Saint-Sulpice, à Paris.)

TARAVEL.

72. * Job sur le fumier.

TARDIEU, *à Paris.*

73. Ulysse reconnu par Euryclée.

(Ce tableau, acquis par le gouvernement, a été accordé au Musée.)

TOCQUÉ (LOUIS), *né en* 1695, *mort en* 1772.

74. Portrait de Mgr le comte de St-Florentin.

(Ce tableau a été gravé par Wille.)

VERDUSSEN.

75. Choc de cavalerie.

VIEN (JOSEPH), *mort en* 1809, *Membre du Sénat-conservateur.*

76. Le centurion se présente à Jésus-Christ pour demander la guérison de son fils.
77. Jésus-Christ ordonne de laver les malades dans la piscine, et ils sont guéris miraculeusement.

WALLAËRT, *mort à Toulouse.*

78. Marine par un temps d'orage.

MAITRES INCONNUS.

79. Saint Jacques; par un élève de VIEN.
80. Esquisse d'un plafond représentant le char du soleil.
81. Portrait de la princesse de Conti, habillée à l'orientale.
82. Portrait d'un gentilhomme.
83. Portrait d'homme.
84. Portrait d'homme.
85. Portrait d'un chanoine.

86. Portrait d'homme.
87. Portrait d'homme.
88. Portrait d'homme.
89. Portrait d'homme.
90. Des fruits.
91. Un Christ en croix. Copie d'après NATOIRE.
92. Portrait de Louis XIV. D'après RIGAUD.
93. Portrait du maréchal de Villars. D'après le même.
94. Portrait de Jean Racine. D'après VIVIEN.
95. Un Christ en ivoire.

(Ce morceau précieux mérite de fixer l'attention, plus par la beauté du travail que par sa dimension, qui ajoute encore à son prix. Le corps a, dans sa longueur, 48 centimètres)

ÉCOLE ITALIENNE.

—

AMERIGI (MICHEL-ANGE), appelé ordinairement LE CARAVAGE, *né au château de Caravage, dans le Milanais, en 1569, mort en 1609.*

96. * Le Christ mort soutenu par des anges.

BASSANO (JACQUES), *né en 1510, dans les Etats de Venise, mort à Venise en 1592.*

97. * La construction de l'arche de Noé.

CALLIARI (PAUL), surnommé VÉRONÈSE, *né à Vérone en 1532, mort à Venise en 1588.*

98. * La Charité.

CARRACHE (ANNIBAL), *né à Bologne en 1560, mort en 1609.*

99. Une nôce de village.
100. David tenant la tête du géant Goliath.

CARRACHE (LOUIS), *né à Bologne en 1555, mort dans la même ville en 1619.*

101. L'Assomption de la Vierge.

DANIEL, *de Turin.*

102. Saint Bruno, fondateur de l'ordre des Chartreux.
103. Saint Anthelme, évêque de Die.
104. Sainte Rossoline de Villeneuve.
105. Saint Hugues, évêque de Lincoln, chartreux.

FETI (DOMINIQUE), *né à Rome en 1589, mort à Venise en 1624.*

106. L'ange gardien.

GEMINIANI, *Génois.*

107. La Visitation de la Sainte Vierge à sainte Elisabeth.
108. La naissance de Jésus-Christ.
109. L'adoration des rois.
110. La présentation au temple.

GIORDANO (LUCA), surnommé FA-PRESTO, *né à Naples en 1632, mort dans la même ville en 1705.*

111. * Une sibylle.
112. Flore.

GUERCHIN (JEAN-FRANÇOIS-BARBIERI), *né à Cento, près de Bologne, en 1590, mort en 1666.*

113. * Les adieux de Priam et d'Hector.

GUIDO RENI (ou LE GUIDE), *né à Bologne en 1575, mort dans la même ville en 1642.*

114. * La Charité romaine.

LENFRANC (JEAN), *né à Parme en 1581, mort à Rome en 1647.*

115. Le Père Eternel.

MARATTE (CARLE), *né à Camerino en 1625, mort à Rome en 1713.*

116. * La Sainte Vierge allaitant l'enfant Jésus.

PERRUGIN (PIERRE), *né à Pérousse en 1446, mort dans la même ville en 1524.*

117. * La famille de la Sainte Vierge.

PIPPI (GIULIO), surnommé JULES ROMAIN, *né à Rome en 1492, mort à Mantoue en 1546.*

118. * Des cavaliers.

(Ce tableau est peint sur bois.)

ROSA (SALVATOR), *né à Renessa, près de Naples, en 1615, mort à Rome en 1673.*

119. * Un hermite contemplant une tête de mort.

SANZIO (RAPHAEL), *né à Urbin en 1483, mort en 1520.*

120. * Saint Jean écrivant l'Apocalypse.

(Ce tableau faisait partie de l'ancienne collection du cabinet du roi ; il a été gravé par Simoneau.)

SOLIMENE (FRANÇOIS), *né aux environs de Naples en 1657, mort en 1747.*

121. * Un Crucifix.
122. Trait d'histoire de la vie d'Alexandre-le-Grand.

ZAMPIERI (DOMINIQUE), *né à Bologne en 1581, mort en 1641.*

123. * La Magdeleine pénitente.

MAITRES INCONNUS.

124. La Vierge avec l'enfant Jésus.
125. Les quatre évangélistes.

ÉCOLE FLAMANDE.

BRUGEL (JEAN), surnommé BRUGLE, *né en* 1575 *mort en* 1642.

126. Un paysage. *(Peint sur bois.)*

CHAMPAGNE (PHILIPPE DE), *né à Bruxelles en* 1602, *mort en* 1674.

127. * L'apothéose de la Magdeleine.
128. L'Assomption de la Sainte Vierge.

CHAMPAGNE (JEAN-BAPTISTE DE), *neveu et élève du précédent, né à Bruxelles en* 1643, *mort en* 1688.

129. * La lapidation de saint Paul.

(Ce tableau était autrefois placé dans la grande nef de l'église de Notre-Dame, à Paris.)

CRAYER (GASPARD), *né à Anvers, mort à Gand en* 1669.

130. * L'homme entre le vice et la vertu.

FINSHONIUS.

131. La Magdeleine mourante.

JORDAENS (JACQUES), *né à Anvers en 1594, mort en 1678.*

132. * La pêche miraculeuse.

LAIRESSE (GÉRARD DE), *né à Liége en 1640, mort à Amsterdam en 1711.*

133. * Enée à Carthage.

QUILLIMET (ERASME).

134. * Pensée sur la mort : *La vie passe comme un souffle.*

RUBENS (PIERRE-PAUL), *né à Anvers en 1577, mort en 1640.*

135. * Le prince d'Orange et sa famille.
136. * Chasse au sanglier.
137. * L'adoration des bergers.
138. * La flagellation de Jésus-Christ.
139. La résurrection de Jésus-Christ.

SECHERS (GÉRARD), *né à Anvers en 1592, mort dans la même ville en 1641.*

140. Le roi David.

SKALKEN.

141. Un philosophe lisant à la clarté d'une lampe.

VANDICK (ANTOINE), *né à Anvers en 1599, mort en 1641.*

142. Portrait du comte de Stafford.

WINANTS (JEAN), *né en* 1600.

143. Une marine : vue de Hollande.

MAITRES INCONNUS.

144. Une tempête.
145. Une marine.
146. Portrait d'homme.
147. Autre portrait.
148. L'air.
149. Le feu.
150. Portrait de Henri, duc de Savoie.

BUSTES D'APRÈS L'ANTIQUE.

A droite en entrant :

1. Périclès.
2. Pierre Puget.
3. Alexandre-le-Grand.

A gauche :

1. Achille.
2. Homère.
3. Ajax.

Au milieu de la salle à droite :

La statue d'Apollon dit du Belvédère.

FIN.

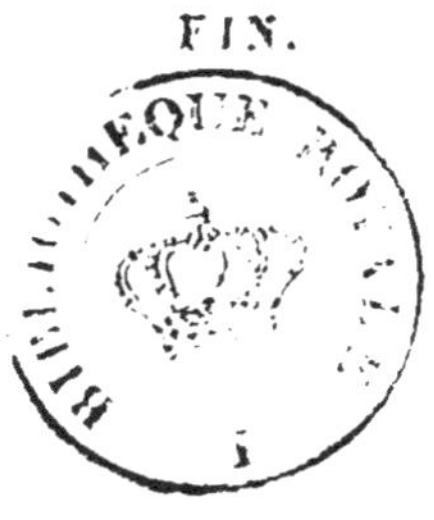

www.ingramcontent.com/pod-product-compliance
Lightning Source LLC
LaVergne TN
LVHW012011160826
845678LV00002B/765
9782329669212